Début d'une série de documents
en couleur

ESTOURNELLES DE CONSTANT

LA CONCILIATION

INTERNATIONALE

LA FLECHE

IMPRIMERIE CHARIER-BEULAY

1905

Collection de la Conciliation Internationale

Fin d'une série de documents
en couleur

D'ESTOURNELLES DE CONSTANT

LA CONCILIATION

INTERNATIONALE

LA FLECHE

IMPRIMERIE CHARIER-BEULAY

1905

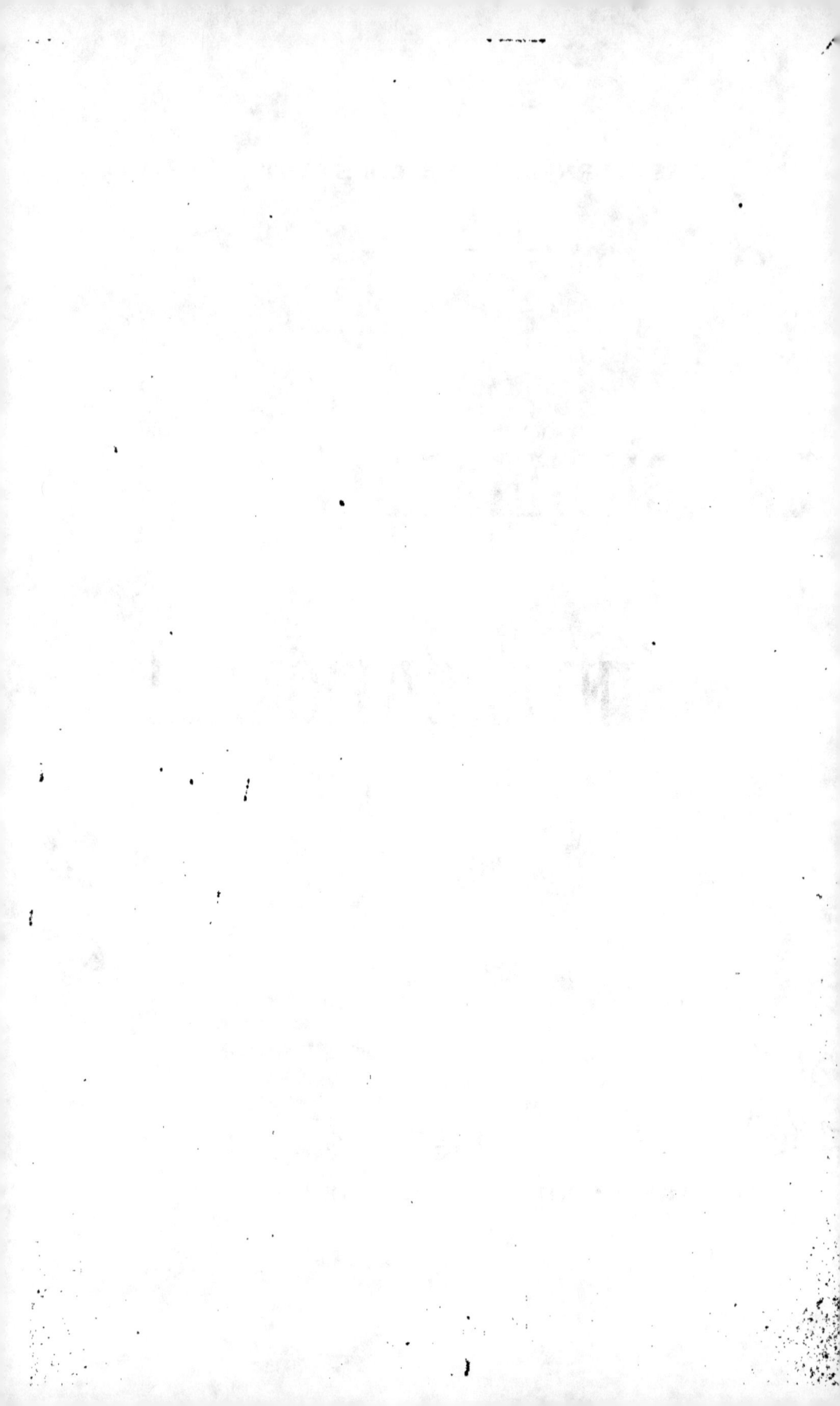

La Conciliation

Internationale [1]

Dédié aux Membres du Comité de
Conciliation Internationale, avec prière de
recruter parmi leurs compatriotes les bonnes
volontés qui n'attendent qu'un signal pour
se grouper.

119, rue de la Tour, Paris (16ᵉ)   28 juin 1905.

Les changements durables dans les mœurs
exigent de longues préparations. Le monde est
en état de continuelle transition ; la vie s'y
renouvelle insensiblement comme la végétation
d'une forêt, l'avenir se dissimulant modeste,
infime à ses débuts, sous les ombrages tradi-
tionnels ; l'œil exercé peut seul distinguer parmi
les fougères et les ronces les jeunes plants qui peu
à peu surgiront, réclameront leur place au soleil
et finalement remplaceront le chêne usé pour
tomber plus tard à leur tour.

Les esprits absolus ne savent pas accepter

---

(1) Reproduit avec l'autorisation de l'*Organisation Potentia.*

cette loi naturelle de la patience ; ils réclament des progrès complets qui sortent comme par enchantement du sol de tous les pays à la fois ; ils exagèrent à plaisir les difficultés qu'il faudrait vaincre et ils les invoquent comme autant de motifs pour ne rien faire, pour paralyser tout effort d'émancipation.

Heureusement les exigences de la critique ne peuvent arrêter la sève de la vie ; rien n'empêchera les peuples en se développant de se rapprocher malgré leurs rivalités ; partout où le passé prétendra les dominer et les opprimer trop lourdement on n'arrivera qu'à les serrer les uns contre les autres dans une solidarité plus étroite.

Car il existe une solidarité certes entre l'avenir et le passé dans *un même pays*, mais il se crée une solidarité toute nouvelle entre les hommes *d'un même temps*. Gardons-nous de mettre l'une en contradiction avec l'autre. L'une s'appuie sur le sentiment le plus respectable et le plus cher, elle s'appelle le patriotisme, l'autre sur la science, cela s'appelle l'internationalisme.

Le devoir de tout homme de bien est de les concilier. L'internationalisme, loin d'être un crime et une atteinte portée à l'idée de patrie, est au contraire la consécration de cette idée ; c'est la patrie respectée et respectueuse des autres patries ; c'est la patrie appelée à son degré supérieur de développement, de force et de prospérité ; ce n'est plus l'isolement, la haine, la faiblesse, c'est l'association des patries.

Cette conception semble ridicule encore à beaucoup d'hommes considérables dans tous les pays. Pourquoi ? Par une raison très simple : ces hommes, quelles que diverses que soient leurs nationalités, sont pénétrés par une éducation historique identique ; ils sont tous également nourris des mêmes souvenirs, préoccupés des mêmes traditions, ils savent ce qui existait *avant eux* et c'est d'après cet enseignement qu'ils croient entrevoir ce qui existera après eux ; mais ils ignorent ce qui existe *à côté d'eux.* Or c'est là qu'est tout le changement. La vapeur et l'électricité ont apporté aussi leur éducation nouvelle, et cette éducation rudimentaire devient celle des masses, lesquelles cessent ainsi d'être d'accord avec les classes dirigeantes.

Les masses découvrent ce qui est à côté d'elles ; les classes dirigeantes s'obstinent à ne voir que ce qui existait avant elles.

De là le malentendu profond que je voudrais voir cesser.

Ce n'est pas seulement l'éducation des masses, c'est l'éducation des classes qui est à faire ; il faut que les classes dirigeantes soient de leur temps ; c'est leur existence même qui est en jeu.

Heureusement, nombreux sont ceux, dans tous les pays et surtout dans les pays neufs, qui sont prêts à favoriser l'éducation nouvelle des classes. Ils comprennent que c'est là une œuvre de conservation, de salut social. Mais c'est une œuvre ingrate et très complexe. Essayons de la simplifier.

Il est chimérique de songer à rapprocher la France et l'Angleterre, ou la France et l'Allemagne, ou la France et l'Italie ; il faut commencer plus modestement, et c'est par là que notre entreprise aura des résultats durables ; il faut rapprocher des Français et des Anglais, des Français et des Allemands, des Français et des Italiens, etc. Voilà la méthode.

Nous sommes en face d'une ignorance profonde à dissiper. Les Anglais par exemple ou les

Allemands sont traditionnellement élevés à ne
voir dans les Français que des êtres légers,
bavards, vaniteux, corrompus et corrupteurs ;
les Français de leur côté ont été élevés à voir dans
les uns l'incarnation de l'égoïsme, dans les
autres l'incarnation de la violence : Mort aux
anglais, haine aux allemands, telle était la
formule classique de toute éducation vraiment
nationale, formule non pas française mais monar-
chique, formule de domination.

Mettez néanmoins en relations personnelles
des Anglais, des Français et des Allemands ;
confiez leur un travail commun ; peu à peu
ils seront étonnés de découvrir qu'ils s'entendent très bien, se complètent même. Or cette
expérience se renouvelle de nos jours incessam-
ment, et il arrivera bientôt que l'ignorance, au
lieu d'être comme auparavant la règle, deviendra
l'exception ; on se moquera des chauvins à
à Londres comme à Paris, à Berlin ou à
Washington.

J'ai fait souvent cette observation qui
paraît encore subversive mais qui bientôt
sera banale. Deux hommes, — je ne dis
pas deux concurrents, — appartenant à la
même profession mais à deux pays différents,
s'entendent souvent mieux que deux hommes
appartenant au même pays mais à deux profes-
sions différentes. Cela est vrai aussi bien pour
deux maçons, ou deux cultivateurs que pour
deux soldats ou deux officiers. La guerre même
n'a jamais empêché les armées ennemies de
fraterniser pendant les trèves.

Je n'oublierai de ma vie l'impression que mes
collègues du Parlement Français et moi avons
ressentie, il y a trois ans, quand nous pénétrâ-
mes pour la première fois tous ensemble, dans

le hall solennel du palais de Westminster à
Londres.

Nos collègues du Parlement Anglais nous atten-
daient ; ils restèrent comme nous interdits, pendant un instant. Un instant seulement, nous nous
regardâmes, mais cet instant contenait tout ce
qu'il y avait de part et d'autre de préjugés, de
préventions à dissiper. Nous formions deux lignes
d'étrangers, d'inconnus, ne parlant pas la même
langue, se faisant face et s'arrêtant comme au
souvenir des jours où les deux pays ne se rappro-
chaient que pour se combattre. Une main se tendit,
et en même temps toutes les mains s'étreignirent.
Et ce fut de part et d'autre une joie profonde de
se trouver réunis. Nous étions là près de cent
français venus sans distinction de partis, et plus
de deux cents anglais conservateurs et libéraux
s'étaient groupés pour nous recevoir. De ce jour
il n'est pas un seul de ces Anglais ni de ces
Français auquel il serait possible de continuer à
débiter les ineptes calomnies soi-disant patrioti-
ques qui ont constitué pendant trop longtemps
dans les deux pays la base de l'éducation
publique.

Il en sera de même avec les Allemands, le
jour où les Allemands pourront comprendre que
leur devoir et leur intérêt est de s'entendre eux
aussi avec nous comme les Anglais. Il en sera de
même avec les Américains, avec tous les
peuples civilisés.

Réunissez l'élite de tous les pays et cette élite
internationale transformera l'éducation de toute
la terre.

Telle est l'œuvre de longue patience et en
apparence impossible que nous avons entreprise
en fondant notre Comité de Conciliation Internationale ; trait d'union entre nos amis de tous les

pays. Pouvions-nous laisser plus longtemps isolés les uns des autres tant d'hommes dévoués à la même cause, qu'ils soient Français, Allemands, Anglais, Européens, Japonais ou Américains ?

Non, les plus admirables découvertes modernes, n'aboutiraient qu'à l'anarchie si les rapprochements matériels de la science n'avaient pour corollaire l'association, d'abord entre les hommes d'un même pays, puis entre les peuples. Et quel moyen est plus efficace que l'exemple pour former ces associations ? L'exemple donné par des hommes respectés dans leur propre patrie, l'exemple plus éloquent encore que la parole.

Quoi de plus patriotique en même temps ? L'originalité d'un peuple comme celle d'un homme a tout à gagner dans une organisation générale réduisant au minimum possible les charges communes, les risques, les frais généraux. Il est donc bon que les divers pays du monde étant en communication de plus en plus rapide et régulière tendent à s'organiser par des accords de plus en plus nombreux.

La difficulté qui embarrasse un Etat embarrasse plus ou moins les autres. Le désastre des Russes en Extrême-Orient éveille dans le Pacifique un monde de problèmes nouveaux pour l'Europe entière, pour l'Amérique, pour l'Australie ; tandis que la question du Maroc ressuscite les vieilles querelles Méditerranéennes, complique l'avenir déjà sombre en Autriche, dans la Péninsule des Balkans, en Arménie. On m'objectera que le malheur des uns fait parfois le bonheur des autres, mais le plus heureux de tous les peuples a besoin d'assurer son lendemain par une organisation durable, et cette organisation ne sera désormais qu'un simulacre si elle n'est pas générale. Nous y marchons tous d'ailleurs, plus ou moins inconsciemment, mais nous y marchons.

Essayez seulement de faire le compte des organes internationaux nés de la force des choses depuis dix années seulement : congrès, commissions, bureaux, services ; je les ai relevés par centaines et dans toutes les branches de l'activité humaine, postes, télégraphes, chemins de fer, navigation, hygiène, police, protection artistique, littéraire, industrielle, justice, travail, production, agriculture, mœurs, législation, etc. Les conventions amiables, les visites internationales se multiplient, les traités d'arbitrage......

Et les guerres aussi me répondra-t-on ? Notons un progrès cependant, la guerre perd du crédit chaque jour. Je sais bien que certains dirigeants protestent encore contre cette évolution et qu'ils la contestent, criant à l'utopie, à la folie, au crime ! Mais sur ce point, les masses sont tellement unanimes qu'elles imposent silence à tout le reste, et s'il survient en effet malgré tout des guerres, ce sont, comment dirai-je ? des guerres de surprise, des guerres détournées, lointaines, des guerres que l'on engage sans que les peuples y prennent garde parce qu'ils n'en comprennent pas toute la gravité. On n'accepte la guerre aujourd'hui qu'à la condition de ne pas la voir de trop près ; la guerre cesse d'être continentale pour devenir coloniale ; et la guerre coloniale elle-même commence à faire sentir de trop près ses inconvénients et ses dangers ; les Anglais, quoiqu'on dise, auraient donné beaucoup pour ne pas faire la guerre au Transvaal ; les Russes donneraient sans doute beaucoup pour ne pas être allés faire la guerre en Mandchourie ; et même de simples opérations où nous n'avions pour adversaires en réalité que la distance et le climat, les expéditions du Tonkin et de Madagascar ont soulevé de graves résistances en France.

Les victoires du Japon, la réalisation du Péril Jaune, l'anéantissement des flottes russes, comportent un enseignement qui ne sera pas perdu, pour toute l'Europe, pour le monde entier ; c'est qu'un peuple qui lutte chez lui a déjà sur son adversaire une supériorité considérable. Et cet enseignement fournira aux masses de tous les pays un argument de plus en faveur de la conciliation internationale et de la limitation des charges militaires. Du moment où la guerre n'apparaît plus comme une solution avantageuse, — sinon à celui qui défend son pays, — il faut donc chercher autre chose et cette autre chose c'est l'organisation de la paix que nous poursuivrons, quoiqu'on fasse, et qui s'élabore peu à peu, à la faveur même des circonstances qui semblent le plus contraires.

Des progrès très grands déjà sont acquis depuis peu d'années.

On a beau rire de la Convention de La Haye, elle a déjà rendu de sérieux services, malgré le boycottage et la résistance acharnée de toutes les routines ; elle habitue les esprits à recourir à la justice internationale plutôt qu'à la violence ; elle a fourni tout récemment à la Russie et à l'Angleterre un moyen automatique de régler leur conflit de Hull sans coup férir. Il est puéril de prétendre que les deux puissances n'avaient pas alors la moindre intention de se battre ; car le progrès consiste précisément à empêcher de se battre deux pays qui peuvent être entraînés malgré eux par les excitations plus ou moins factices de l'opinion.

La France pourra revendiquer une belle page dans l'histoire de ce progrès, mais le rôle de l'Angleterre aura été admirable comme celui des Etats-Unis, ou, pour mieux dire, de toute l'Amérique.

L'Angleterre a non seulement favorisé l'acclimatation de l'arbitrage, mais elle en a accepté les solutions à son détriment, avec une discipline imperturbable. Les Etats-Unis ont pris la tête du mouvement quand l'Europe l'abandonnait ; et avec les Etats-Unis, le Mexique, le Chili, la République Argentine, le Canada. L'initiative du Tsar avait rencontré de l'enthousiasme auprès des uns, des résistances ou de la froideur auprès des autres, et finalement les résistances allaient l'emporter ; l'œuvre de La Haye était condamnée sous ce prétexte incroyable qu'on refusait de l'utiliser ! Le président Roosevelt réussit à la réhabiliter et à la sauver.

On me dira que rien de tout cela n'est définitif, que le roi Edouard VII comme le président Roosevelt peuvent changer d'attitude. Tout est possible, mais, en attendant, l'un et l'autre auront rendu l'immense service d'orienter l'opinion publique avec les gouvernements eux-mêmes dans cette voie précédemment réservée aux seuls philosophes et aux poètes.

Et du moment que les masses pourront invoquer ces précédents, ces exemples, cette autorité, à l'appui de leurs aspirations unanimes, elles n'auront même plus besoin de nos exhortations pour se servir de ces arguments.

Et en admettant même qu'une guerre nouvelle, coloniale ou continentale, lointaine ou proche, vienne à éclater, le jour où, par une coïncidence possible, le hasard mettrait aux prises deux gouvernements aveugles ou corrompus, l'horreur même d'une telle catastrophe ferait mieux encore sentir aux peuples la conscience de leur intérêt.

A vrai dire, et pourquoi le dissimuler ? le seul obstacle à l'organisation de la paix consiste dans les relations de l'Allemagne avec la France, avec l'Angleterre et l'Amérique. Pour des motifs bien divers, ces relations ne sont pas ce qu'elles pourraient être. Faut-il donc en désespérer ?

Quelques malheureux représentent l'Allemagne comme n'attendant qu'une occasion pour profiter de la défaite des Russes et entrer en campagne avec ses flottes nouvelles et ses armées sans emploi. Entrer en campagne contre qui ?

Contre l'Angleterre ou l'Amérique ? Il faudrait la croire frappée de folie pour aller se jeter de gaieté de cœur, en pleine prospérité, au devant d'une telle aventure ? Contre la France ? Il serait paradoxal de voir l'Allemagne choisir, pour décider son agression, le moment où la France a donné pendant des années, au monde, le spectacle imposant d'une politique délibérément pacifique. L'incident du Maroc ne pouvait pas être un *casus belli* puisque la France a déclaré, de tout temps, qu'elle ne poursuivait auprès du sultan aucun avantage exclusif et ne visait qu'au rétablissement de l'ordre que toutes les puissances appellent de leurs vœux. Veut-on dire que l'Allemagne attaquerait la France précisément parce que la France est pacifique ? Mais qui donc soutiendrait sérieusement une telle hérésie ? qui donc s'imagine que la France pacifique signifie la France désarmée, vaincue d'avance, résignée à tout supporter ? personne ne le croit sérieusement et c'est faire injure à l'Empereur d'Allemagne que de lui prêter des arrière-pensées que contredit formellement son attitude invariable. Faisant la part des malentendus de ces dernières années, et

des torts qui ne sont pas d'un seul côté, l'Empereur a toujours hautement manifesté son désir de
vivre en bonnes relations avec la France ; on le
lui a même reproché ; il faudrait cependant être
équitable. Et qui ne voit au contraire que l'Allemagne a tout à perdre intérieurement et extérieurement dans une guerre avec la France ?

Intérieurement, on ne sait jamais quelles peuvent
être les répercussions sociales d'une guerre rui-
neuse et longue comme le sont et le seront de
plus en plus les guerres modernes.

Extérieurement, toute l'Amérique, tout le monde
anglo-saxon se croit à tort ou à raison menacé
par l'expansion économique et coloniale alle-
mande ; il est peu probable qu'une entreprise de
l'Allemagne tendant à grandir encore sa puis-
sance serait vue d'un œil favorable par ses rivaux
d'outre-mer ; la victoire navale du Japon n'est
pas faite pour encourager l'Allemagne isolée à
braver au loin leur mauvaise humeur ; une guerre
inconsidérée sur terre la découvrirait et ruinerait
son commerce sur mer tandis qu'elle essaierait
de ruiner la France ; et je ne dis rien du sentiment populaire que son militarisme déchaîné
enflammerait contre elle dans tous les pays :
c'est de nos jours une coalition naturelle à
laquelle un gouvernement éclairé doit prendre
garde. Il est donc injuste et absurde, à mon sens,
d'accuser l'Allemagne de préparer une guerre
qui serait pour elle une calamité, quoi qu'il
advienne, en admettant même que la fortune soit
favorable à ses armes sur terre et sur mer,
puisque la guerre et la victoire même n'engen-
dreraient contre elle que des représailles.

En conséquence, l'Allemagne n'ayant rien à
gagner dans la guerre, son intérêt, comme celui
des autres Etats, est tout indiqué : elle doit s'or-

ganisér en vue de rendre la paix supportable, la moins onéreuse possible, chercher des accords et non des conflits.

L'accord franco-allemand est tout aussi possible que l'accord franco-anglais, par des concessions mutuelles ; l'un n'a jamais été dans notre pensée que la préface de l'autre ; mais cet accord ne pourra se réaliser que le jour où, de part et d'autre, la France et l'Allemagne en auront senti, comme le monde entier, le bienfait, la nécessité. Alors, cette nécessité comprise et constatée, les conditions de l'accord se trouveront d'elles-mêmes, par la force des choses ; de part et d'autre on comprendra que l'accord, pour être durable, doit être acceptable des deux côtés, et qu'il ne servirait à rien de le conclure par une surprise, ou même par une victoire diplomatique. Les victoires diplomatiques, aussi bien que les victoires militaires, ne laissent que de mauvais germes quand elles sont trop habiles : il n'y a de victoire définitive que celle de la Raison.

C'est pour préparer dans tous les pays des solutions raisonnables que nous commençons par grouper le plus grand nombre possible d'hommes raisonnables de tous les pays. Leur parole, leur action, leur exemple, exerceront sur l'opinion universelle une influence chaque jour croissante, et l'opinion, à son tour, exercera son influence sur les gouvernements.

Tout cela n'est qu'une question de temps, de méthode et de patience. Notre Comité de Conciliation internationale sera patient.

D'ESTOURNELLES DE CONSTANT.

Original en couleur

NF Z 43-120-8

www.ingramcontent.com/pod-product-compliance
Lightning Source LLC
Chambersburg PA
CBHW070118300326
41934CB00035B/2904